PETIT

CATÉCHISME RÉPUBLICAIN

Du Département de Seine-et-Marne,

PAR

UN CULTIVATEUR.

---

15 Centimes.

MELUN.

IMPRIMERIE DE DESRUES, BOULEVART SAINT-JEAN, 2.

Avril 1848.

TABLE,

CATÉCHISME RÉPUBLICAIN.

1. — Chapitre préliminaire.

D. Qu'est-ce qu'une république?

R. C'est un peuple faisant ses affaires lui-même.

D. La république est-elle le meilleur état d'un peuple?

R. Sans aucun doute.

D. Pourquoi cela?

R. Quand on fait ses affaires soi-même, ne sont-elles pas mieux faites que lorsqu'on charge un autre de les faire. Un propriétaire qui conduit lui-même sa culture, ne fait-il pas mieux que celui qui confie ce soin à un intendant. Il a tout bénéfice à cela ; il gagne tout d'abord les gages de son intendant.

D. Est-ce une nouveauté que la république?

R. Non, la république est aussi ancienne que l'humanité. Le plus ancien livre que l'on ait conservé, le livre de Moïse, nous fait connaître l'organisation de la république du peuple juif. D'ailleurs, il y a moins de soixante ans que la France était une république.

D. Comment se fait-il que la république, qui est

le meilleur état pour un peuple, n'ait pas subsisté en France?

R. C'est que la France n'a jamais été une véritable république. À peine nos pères venaient-ils de briser leurs chaînes, de chasser leurs maîtres, que les rois de l'Europe envoyèrent pour les combattre leurs armées innombrables, et leurs espions pour soulever les Vendéens contre leurs frères. Comment le peuple français, soutenant la guerre contre tous les monarques de l'Europe et étouffant dans son sein la guerre civile, aurait-il pu organiser la République? Il est arrivé au peuple Français, ce qui arrive à ce propriétaire, qui, reconnaissant le mauvais état de sa fortune, entre en colère contre son intendant et le chasse, —mais au moment où il va s'occuper de ses affaires, un procès dont dépend sa fortune, occupe tous ses instants et une cruelle maladie abat ses forces : alors l'administration de ses biens se trouve livrée à tous ses serviteurs, encore plus infidèles que son intendant : ainsi il tombe de mal en pire.

D. Les efforts de nos pères ont-ils été inutiles?

R. Non ; car s'ils n'ont pu établir la république sur des bases solides, ils ont du moins parfaitement préparé le terrain. La France est une : aujourd'hui il n'y a plus de Normands, de Picards, de Comtois, il n'y a que des Français. Dans nos familles, on ne distingue plus les aînés des puînés ; dans nos villes, dans nos campagnes, l'homme instruit et le riche saluent le pauvre et l'ignorant comme on salue un frère. Voilà les principes qu'ont proclamés nos pères à la face de l'Europe : et pour les établir, ils ont versé leur sang ; respectons donc leur mémoire bien-aimée; leur part de gloire est belle!

D. Qu'est-ce qui nous reste à faire?

R. A continuer l'œuvre de nos devanciers, à établir la république sur le terrain qu'il ont si bien nivelé.

D. Notre tâche est-elle facile?

R. Oui, si nous travaillons tous avec zèle, chacun suivant nos forces.

D. Comment les travailleurs des villes et des campagnes peuvent-ils coopérer à l'établissement de la république en France?

R. En apprenant à connaître ce que c'est que la république et les avantages que retire un peuple de se gouverner lui-même.

D. Où peut-on apprendre cela?

R. Dans le catéchisme républicain qui a été fait dans ce but. Ce petit livre apprendra au travailleur tout ce qu'il doit connaître pour remplir les devoirs d'un bon citoyen.

D. Comment le travailleur qui aura lu le Catéchisme pourra-t-il contribuer à l'établisment de la république?

R. En ne donnant sa voix au jour des élections qu'à des hommes qu'il saura être vraiment républicains; car ceux-là seuls sont capables d'établir la république en France.

D. Comment savoir qu'un homme est républicain?

R. En examinant s'il connaît les vrais principes de la république et si sa conduite passée n'a pas été dévouée à la cause des rois contre les peuples.

D. Qu'arriverait-il si les travailleurs, par négligence, donnaient leur voix à des hommes qui ne sont pas républicains?

R. Le plus grand des malheurs : ces hommes donneraient à la France une constitution d'aristocrates, et bientôt les barricades se relèveraient dans Paris; le sang coulerait, et qui sait si, profitant de nos discordes intérieures, les rois n'entraîneraient pas leurs peuples contre nous, en leur montrant les richesses de notre beau pays.

D. Qu'arrivera-t-il si tous les Français remplissent leurs devoirs avec zèle?

R. Les républicains nommés par le peuple pour

être ses représentants institueront la république en France aux acclamations de tous les Français : le calme et l'ordre amèneront le bien-être ; notre union maintiendra la paix et notre chère patrie donnera au monde le spectacle d'un grand peuple, libre et heureux.

---

2. — De l'association républicaine et de son objet.

D. Comment se forme une république?

R. Par l'association des habitants d'un même territoire.

D. En quoi consiste cette association?

R. L'association consiste à mettre en commun leurs forces et leur intelligence, afin d'obtenir ensemble une puissance et un bien-être qu'ils ne sauraient avoir isolément.

D. Dans cette association tout n'est donc pas mis en commun?

R. Non : chacun a sa propriété distincte.

D. Mais les propriétés des citoyens sont-elles rendues égales?

R. Non, car ce partage serait inutile : bientôt les parts seraient aussi différentes qu'aujourd'hui. On voit communément les frères qui ont reçu des héritages égaux avoir au bout de quelques années des fortunes très inégales.

D. Comment se fait donc l'association?

R. Chacun contribue, en proportion de sa fortune, de ses forces et de son intelligence, aux charges de la république.

D. Pour quels intérêts l'association se forme-t-elle?

R. Pour les secours que les hommes se doivent réciproprement dans leurs infirmités, ou pour leurs besoins corporels, pour l'éducation, pour la justice et la police, pour le commerce et l'industrie, pour la défense du territoire à l'intérieur et à l'extérieur.

D. Quel est le premier objet pour lequel la république est instituée?

R. C'est afin que les membres de l'association, ou les citoyens, s'entr'aident dans leurs besoins corporels, de manière à ce qu'aucun d'eux, ni aucun des leurs, ne périsse, faute de travail, lorsqu'il se porte bien, faute de soins et d'abri, lorsqu'il est incapable de travailler. Il faut que chacun, tant qu'il est valide, puisse vivre de son travail, et que personne, lorsque le temps des infirmités ou de repos est arrivé, ne soit réduit à la mendicité.

D. Quel est le second objet de l'association républicaine?

R. C'est l'éducation des enfants. Il faut que tous les enfants reçoivent gratuitement et en commun, d'abord l'instruction religieuse, puis l'instruction nationale.

L'instruction religieuse fait connaître la doctrine de Jésus-Christ, qui est venu annoncer aux hommes qu'ils sont tous égaux sur la terre comme ils le sont devant Dieu. Républicains, apprenons à nos enfants à vénérer la mémoire de l'Homme-Dieu, c'est lui qui a brisé les chaînes des esclaves!

L'instruction nationale consiste à apprendre à parler, à lire et à écrire la langue française : à prendre des notions exactes de la géographie et de l'histoire des pays libres, et surtout de la France; à étudier les devoirs et les droits du citoyen, la constitution de la république française; à s'exercer à l'usage des nombres, du compas, du niveau, des poids et mesures, du levier, de la poulie et de la mesure des temps; à étudier la musique en s'exerçant à chanter en chœur des hymnes pieux et des hymnes patriotiques.

D. Quel est le troisième objet de l'association républicaine.

R. C'est la justice et la police : la justice consiste dans la répression des crimes et délits, dans le jugement des débats entre le tien et le mien et dans la solution de toutes les questions qui intéressent la république. La police est la puissance qui veille partout et pour tous au maintien de l'ordre et de la tranquillité.

---

3. — Tous les citoyens sont égaux en droits.

D. Dans l'association républicaine les mises étant différentes, la part de chacun est-elle proportionnée à sa mise?

R. Non, tous les membres de l'association ont des droits égaux.

D. Celui qui entre dans l'association avec de grandes propriétés, n'a donc pas un droit plus étendu dans la chose publique que celui qui y entre sans posséder un pouce de terre?

R. Certainement : et de même le fort n'a pas plus de droit que le faible, et le savant pas plus de droit que l'ignorant, car si l'avis du faible n'avait pas autant de poids que celui des forts, comment ses besoins seraient-ils satisfaits.

D. Mais celui qui est le plus utile à la communauté, soit par sa force, soit par son talent, ne doit-il pas avoir une part plus considérable que celle des autres associés?

R. Il est juste que celui qui administre ou qui fait prospérer les affaires de la société en reçoive la récompense ; mais il n'en aura pas pour cela un droit plus étendu dans ce qui fait l'objet de la communauté. Par exemple il ne pourra pas avoir une meilleure part de justice que les autres; ses enfants ne devront pas recevoir, aux dépens du trésor de la république, une éducation à laquelle les autres ne pourraient prétendre, ou bien il ne peut avoir plus d'un suffrage pour la nomination des magistrats.

D. Mais n'est-il pas dans l'intérêt de la république que les plus instruits, les plus forts et les plus riches, soient, de plein droit, chargés de certaines fonctions, de certaines affaires?

R. Sans doute, il est des conditions de mérite, de force, de fortune, qu'on a raison d'exiger pour certains emplois; mais il ne peut y avoir des catégories établies d'avance, des castes dans la république : c'est au peuple, quand il donne ses suffrages, qu'il appartient d'apprécier ces conditions chez ceux dont il veut faire les instruments de sa volonté.

D. Mais n'est-il pas à craindre que les choix soient mal faits, à raison de l'ignorance de ceux qui auront à les faire?

R. Les ignorants, seuls et isolés, apprécieront le mérite moins bien que les savants; mais, réunis à ces derniers, ils auront ensemble plus d'intelligence et de jugement. Le peuple a d'ailleurs un instinct admirable pour le choix des personnes auxquelles il remet son autorité : l'élection est dans la nature.

D. Quel est l'effet de l'élection?

R. L'élection a pour effet de remettre la chose publique aux mains des plus capables et des meilleurs.

D. Quel est l'effet de l'association républicaine?

R. Elle a pour effet de rendre moins sensibles les différences naturelles qui peuvent exister entre les membres dont elle se compose. Ainsi, le faible et le fort s'associent pour être tous les deux à l'abri de l'ennemi commun; le savant et l'ignorant, pour que la science de l'un serve à l'autre; le riche et le pauvre, pour que celui-ci puisse également subsister.

D. Quelle est donc la condition essentielle de l'association républicaine?

R. C'est l'égalité des droits : le faible comme le fort, le pauvre comme le riche, l'ignorant comme le savant, participent d'une manière égale à la chose publique. Forts ou faibles, riches ou pauvres, ne sont tous ensemble que les membres d'un même individu, les uns infirmes, les autres bien portants. Si vous avez un bras malade, n'en avez-vous pas autant et plus de soin que de celui qui a toute sa vigueur? Tous pour chacun, chacun pour tous.

4. — De l'organisation de la République en France.

D. Comment doit être établie une association républicaine?

R. Cette association doit être établie de telle façon que les membres aient sans cesse, non-seulement la volonté, mais le moyen de se prêter un mutuel appui. Si un citoyen manque de travail, s'il est hors d'état de travailler, si un attentat se commet contre la paix publique, s'il s'agit de l'éducation de nos enfants, de l'hommage à rendre en commun à Dieu, que chacun de nous ait également près de lui, à sa disposition, tout ce qu'il faut pour la satisfaction de ces diverses nécessités; certain de l'assistance des autres, qu'on puisse d'abord compter sur soi-même. La république, c'est-à-dire la participation de tous les citoyens à ce qui en fait l'objet, ne serait-elle pas illusoire si, à quelque moment que ce fût, chaque intérêt, chaque besoin ne pouvait être immédiatemment satisfait?

D. Mais une telle association, facile à établir dans un petit pays, est-elle réalisable dans un grand?

R. Certainement, et la république peut être aussi réelle en France que dans les petits cantóns Suisses.

D. Mais si, pour chaque besoin, il faut recourir à la puissance résidant à Paris, cette puissance n'aura peut-être ni le loisir ni la faculté de faire ce que lui demanderont les citoyens de toutes les parties de la France. Aura-t-elle, d'ailleurs, une idée assez exacte des souffrances qu'ils pourront éprouver? Comment donc établir en France une association républi-caine?

R. Il faut faire comme feraient des ouvriers qui, n'ayant pas de maîtro, réuniraient leurs bras et leurs intelligences pour exploiter une industrie dont les frais et les produits seront en commun. Il s'agira, par exemple, d'une plaine dont il faut recueillir la moisson : si cette plaine n'est pas étendue, les mois-sonneurs ne forment qu'une brigade qui s'en partage les sillons; mais elle s'étend au loin et se compose de plusieurs champs. Il n'y a pas de temps à perdre, les moissonneurs sont en assez grand nombre pour tout faire en un jour; afin d'éviter la confusion dans le travail, ils se diviseront en plusieurs escouades; cette division sera faite de telle manière que chaque atelier partiel suffira à la tâche dont il se trouvera chargé; elle sera pour tous la même. Si, par l'effet de quelques circonstances indépendantes de leur volonté, les uns se trouvaient en arrière des autres, les plus avancés viendraient à leur secours sans qu'il fût besoin de les y forcer. Les produits de la récolte ne doivent-ils pas être mis en commun? Nous aidons aujourd'hui nos voisins, demain leur assistance nous sera nécessaire.

La république s'étend des Pyrénées jusqu'au Rhin, des Alpes jusqu'à l'Océan : il est impossible à tous les citoyens de se réunir sur la place publique pour délibérer sur les affaires communes, de s'entr'aider dans tous leurs besoins : il est donc nécessaire de diviser la république en ateliers partiels qui aient la même tâche, qui soient également capables de s'en acquitter, et qui tous se portent aide et assistance.

D. Le citoyen trouvera-t-il dans une des divisions de la grande république tous les intérêts pour lesquels l'association se forme?

R. Oui, car chaque circonscription sera à même de fournir du travail à ceux qui en manquent, de maintenir l'ordre dans son sein, de distribuer la justice et l'instruction à tous, d'accomplir enfin par elle même tout ce qui se ferait dans une république de six à douze lieues de tour.

D. La république française sera donc divisée et composée de petites républiques?

R. Non, certes; la république française est une et indivisible : elle se composera de sociétés partielles; mais ces sociétés seront toutes soumises aux mêmes lois, se devront en toute chose un mutuel appui et ne formeront enfin qu'un seul être, n'ayant qu'une seule intelligence, qu'une seule volonté.

---

5. — Du gouvernement de la République.

D. Qu'est-ce que le gouvernement?

R. C'est une autorité qui s'interpose entre les citoyens dans la lutte incessante de l'intérêt personnel contre l'intérêt général.

D. Quels sont les attributs du gouvernement?

R. Vouloir, exécuter, résoudre.

D. Les trois attributs du gouvernement sont-ils indivisibles?

R. Certainement, car l'homme qui exprime une volonté est celui qui l'expliquera le mieux et aussi celui qui le mieux saura la faire exécuter. S'il en remet l'exécution ou l'interprétation à un tiers, n'est-il pas à craindre que ce tiers ne fasse ou n'entende le le contraire de ce qu'il a ordonné.

D Seront-ce donc les mêmes hommes qui exerceront les trois fonctions distinctes de la souveraineté?

R. Non, car les législateurs que nomme le peuple, les agents qui exécutent ses ordres, les magistrats qui les expliquent, bien que sortis des mêmes élections et des mêmes suffrages, exercent des fonctions qui ne se confondent pas. Si l'association républicaine confiait aux mêmes hommes l'exercice de ces trois fonctions, elle tomberait sous un despotisme plus dur que la royauté.

D. Qu'entend-on donc en disant que les attributs du gouvernement sont indivisibles?

R. Cela signifie que le peuple seul est souverain, que seul il peut confier, à qui il veut, les attributs de sa souveraineté. Mais le peuple ne doit jamais souffrir que l'homme chargé d'exécuter ses ordres, ait la faculté de vouloir ou de résoudre à sa place : au lieu d'un serviteur c'est un maître qu'il se donne.

D. Comment s'organise le gouvernement de la république?

R. Tout le peuple français est convoqué à jour fixe : les citoyens de chaque canton se réunissent au chef-lieu, et chacun choisit, pour le représenter à l'Assemblée nationale, les hommes qu'il regarde comme les plus dignes de sa confiance. Les représenants nommés par tous les citoyens de la France, lorsqu'ils sont réunis en assemblée, sont investis de la souveraineté du peuple : ce sont eux qui énoncent sa volonté suprême et qui sanctionnent les lois ; ce sont eux qui nomment en son nom des hommes éclairés et sages pour préparer les lois et pour résoudre les difficultés de gouvernement ; ce sont eux qui choisissent des hommes honnêtes et actifs pour exécuter leurs résolutions, qui sont celles du peuple. Ainsi se trouve constitué le gouvernement de la république.

D. Quels sont donc les hommes qu'il faut envoyer à l'Assemblée nationale ?

R. Puisque les représentants du peuple sont investis de sa souveraineté, de tout son pouvoir, les citoyens ne sauraient apporter dans leur choix une trop scrupuleuse attention. Ils doivent s'assurer de leurs caractères ; car il faut que ce soient des hommes d'honneur : sans cela ils pourraient ne pas tenir leurs promesses et faire des lois contraires à la volonté des citoyens qui les ont nommés.

D. Suffit-il que le candidat soit un homme d'honneur, pour mériter les suffrages de ses concitoyens : ne faut-il pas encore qu'il soit instruit ?

R. Un homme franc, loyal, honnête : un homme pénétré de la volonté et des besoins de ses concitoyens, voilà le bon représentant du peuple. Celui-là est mille fois plus digne de sa confiance et fera plus certainement son bonheur que bien des hommes instruits dont on admire la parole facile et entraînante, les manières polies et aimables, mais qui sacrifieraient les intérêts du peuple à leur ambition et pour de l'argent, vendraient la France à un roi. Quand un homme est franc, loyal, honnête et instruit tout à la fois, cela vaut encore mieux.

D. Comment, un homme sans instruction, pourrait être membre de l'assemblée nationale ?

R. Certainement : il y a des ouvriers et des travailleurs qui feraient de très-bons représentants du peuple; et dans l'intérêt de tous, il serait à désirer que toutes les classes de citoyens soient représentées à l'Assemblée nationale, celles des ouvriers et des cultivateurs tout comme celles des militaires et des avocats. C'est dans ce but que le gouvernement provisoire a décrété que chaque représentant du peuple touchera une indemnité de 25 fr. par jour.

D. Mais comment un travailleur de la campagne, un cultivateur, pourrait-il faire les lois qui doivent régir la république?

R. Si ce travailleur, si ce cultivateur est intelligent, il verra facilement si les lois qu'on lui propose de voter sont conformes aux volontés et aux désirs des citoyens qui l'ont nommé pour leur représentant, et si ces lois ne portent pas préjudice à leurs intérêts, sans être indispensables à l'intérêt public. Supposez qu'on n'envoie à l'Assemblée nationale aucun cultivateur : lorsqu'il s'agira de la répartition des impôts, qu'est ce qui demandera les changements nécessaires pour la justice? qu'est-ce qui se plaindra des contributions exorbitantes dont on a chargé les champs, les vignes, les maisons — alors qu'il y a des hommes jouissant d'immenses revenus en rentes sur l'État et en hypothèques, et qui ne paient pas un centime d'imposition. Qu'est-ce qui s'opposera de toutes ses forces au maintien des lois actuelles qui font supporter aux propriétaires fonciers toutes les charges de l'État? Personne ne remplira cette mission de justice comme le fera un cultivateur.

D. Dans une république, tout le monde peut donc prendre part au gouvernement?

R. Tous les citoyens partagent la souveraineté : mais comme il est impossible en France de se réunir tous pour sanctionner les lois et pour nommer le gouvernement, les citoyens choisissent quelques-uns d'entre eux pour les représenter. Nommons donc ceux qui connaissent notre volonté et qui auront le courage de la défendre et de la faire respecter.

6. — Des devoirs du citoyen.

D. Quels sont les premiers devoirs du citoyen?

R. Ce sont les devoirs de l'homme : car nul n'est bon citoyen s'il n'est bon fils, bon époux, bon père.

D. L'homme a-t-il d'autres devoirs que ceux de fils, d'époux et de père ?

R. Il a les devoirs religieux, qui consistent à aimer Dieu de tout son cœur et à aimer le prochain comme soi-même.

D. Pour être bon citoyen, est-il nécessaire de remplir les devoirs religieux ?

R. Cela est indispensable : la fraternité est le premier devoir du citoyen, comme elle est le premier commandement de Dieu.

D. En quoi consiste le devoir de la fraternité?

R. A regarder indistinctement tous les hommes comme des frères et à les aimer comme tels.

D. Un bon républicain est donc religieux?

R. N'en doutez pas. L'association républicaine, qui a pour objet principal d'assurer du travail ou du pain à ceux qui en manquent, est éminemment religieuse, et le citoyen qui pratique les devoirs de la fraternité est un bon chrétien.

D. Quels sont les devoirs du citoyen?

R. Ses devoirs sont de deux sortes : devoirs envers la république, devoirs dans la république.

D. Qu'entend-on par devoirs envers la république?

R. Ce sont les devoirs du citoyen investi de l'un des trois attributs de la souveraineté : ce sont les devoirs du citoyen prenant part au gouvernement de la république.

D. Comment divise-t-on ces devoirs?

R. En trois espèces différentes : les devoirs de l'électeur et du législateur, les devoirs du juré, les devoirs du magistrat.

D. Quels sont les devoirs du citoyen exerçant son droit d'électeur?

R. Le citoyen doit se rendre au lieu des élections : il n'y a qu'une maladie ou une grave indisposition qui puisse le dispenser de ce devoir important. Il doit, avant de donner sa voix à un citoyen, s'être éclairé sur son caractère, s'il ne le connaît pas personnellement. L'électeur doit faire ses recherches avec le plus grand soin : s'il ne peut le faire lui-même, il se joint aux autres citoyens de sa commune ou de son canton, et nomme des délégués qu'il charge d'aller prendre pour lui les informations nécessaires : il doit questionner les délégués et s'assurer qu'ils connaissent les citoyens qu'ils présentent à son suffrage. Il n'est pas tenu de nommer les citoyens présentés par les délégués. Dans tous les cas, l'électeur ne doit pas donner sa voix à un citoyen qu'il ne connaît ni directement ni indirectement.

L'électeur ne doit donner sa voix qu'à un citoyen honnête, remplissant avec zèle les devoirs de l'homme. Un mauvais fils, un mauvais époux, un mauvais père, un homme irréligieux, ne pratiquant pas les devoirs de la fraternité, est indigne d'être investi de la souveraineté.

L'électeur doit éclairer ses concitoyens qu'il croit dans l'erreur. Si un homme qu'il sait être vicieux et immoral parvient à tromper quelques citoyens par de belles paroles, il doit le démasquer et dénoncer ses crimes et ses fautes aux citoyens que son hypocrisie a induits en erreur.

D. Quels sont les devoirs du citoyen élu par les votes de ses concitoyens?

R. Quelle que soit la fonction à laquelle il a été élu, il doit la remplir avec zèle et avec confiance, sacrifiant ses intérêts personnels aux intérêts de la république.

D. Quels sont les devoirs du citoyen dans la république?

R. Le premier consiste à étudier la constitution nationale. Tout citoyen doit connaître ses devoirs et ses droits, et la manière dont la volonté suprême du peuple est mise à exécution.

Le citoyen doit obéissance aux lois de la république : elles sont faites par les hommes que le peuple a appelés à cet honneur.

Le citoyen doit le respect aux magistrats de la république et la soumission à leurs ordres. Ces magistrats sont nommés par le peuple pour exécuter sa volonté.

Le citoyen doit veiller à l'exécution des lois, au maintien de l'ordre, et à la répression des délits et des crimes.

D. Comment, tout citoyen est chargé de faire le métier de gendarme et de garde-champêtre?

R. Dans une république, tout citoyen est magistrat : tout citoyen doit maintenir l'obéissance aux lois, conserver et rétablir la paix publique. Toujours et partout, lorsqu'il voit violer les lois, ou transgresser les ordres des magistrats, il doit adresser au délinquant un avertissement fraternel, et, s'il n'en est pas tenu compte, il doit dénoncer les coupables à la vigilance des magistrats et leur prêter main-forte pour l'arrêter.

D. Quels sont les autres devoirs du citoyen dans la république?

R. Le citoyen doit défendre les frontières et les côtes, assurer l'indépendance de la république et l'intégrité de son territoire.

D. Ces devoirs ne concernent-ils pas seulement les citoyens soldats?

R. Dans une république, tout citoyen valide est soldat. Tout citoyen doit s'exercer au maniement des armes et aux évolutions militaires; et quand la république est en danger, il doit, pour la sauver, verser jusqu'à la dernière goutte de son sang.

---

7. — Des droits du citoyen.

D. Qu'entend-on par droits du citoyen?

R. Ce qu'il est en droit d'attendre de la république quand il remplit tous les devoirs du citoyen.

D. Quels sont les droits du citoyen?

R. Ils sont de deux sortes, les droits à la chose publique et les droits dans la chose publique.

D. Quels sont les droits du citoyen à la chose publique?

R. Ces droits résultent de l'association républicaine :

Le citoyen a droit à l'élection : tout citoyen âgé de 21 ans a droit de donner son suffrage pour la nomination du gouvernement de la république, et de se présenter comme candidat au choix de ses concitoyens.

D. Le citoyen peut-il perdre ces droits?

R. Oui, soit en quittant la république pour aller habiter à l'étranger, soit par les interdictions prononcées par la justice.

D. Quels sont les droits du citoyen dans la chose publique?

R. Voici les principaux :

Le citoyen a droit au travail : la république doit fournir de l'ouvrage au citoyen qui se porte bien, et qui n'a pour vivre que le produit de son travail ; une association qui laisserait périr un de ses membres faute de travail ne serait pas une association républicaine.

Le citoyen a droit à la subsistance, à l'abri et aux soins corporels : la république doit nourrir les citoyens que la vieillesse et la maladie empêchent de travailler ; elle doit donner un abri à l'orphelin dont elle devient la mère : elle doit aider l'ouvrier blessé qui ne peut plus nourrir sa famille : elle doit faire donner les secours du médecin à tous les citoyens qui n'ont pas le moyen de le faire appeler : elle doit entretenir et faire soigner les aveugles et les autres infirmes.

Le citoyen a droit à l'éducation : la république doit donner à tous les enfants l'instruction indispensable à l'homme : à tous les citoyens la facilité de compléter l'éducation de leur jeunesse. Dans chaque commune, la république doit instituer une école gratuite : dans chaque canton ou dans chaque arrondissement un lycée, où tous les enfants pourront recevoir une instruction plus développée. Il faut que l'enfant du plus pauvre citoyen, s'il est intelligent, puisse acquérir une éducation proportionnée à son esprit, et servir la république de toutes les forces de son intelligence.

Le citoyen a droit à la justice et à la protection : la république fait respecter la propriété et l'honneur de chaque citoyen ; elle vide les contestations qui s'élèvent entre les citoyens et punit les crimes et délits ; elle protége les citoyens contre l'arbitraire des magistrats. La république ne vend pas la justice.

D. Sont-ce là tous les principaux droits du citoyen ?

R. Non, car je n'ai pas parlé du premier de tous.

D. Quel est le premier droit du citoyen ?

R. C'est le droit qu'il a d'exprimer ses désirs et ses besoins ; c'est le droit de manifester librement son opinion sur tout ce qu'il croit favorable ou contraire à ses désirs ou à ses besoins dans la république ou en dehors de la république : c'est la liberté de parler et d'écrire.

D. Le citoyen a donc le droit de dire tout ce qu'il veut de la république ?

R. Certes, car l'homme est libre avant d'être citoyen, et il ne devient citoyen qu'à la condition expresse de rester libre !

D. Le citoyen pourra donc dire du mal de la république ?

R. Le citoyen a la faculté de dire que la république est injuste, qu'elle est lâche, qu'elle est absurde, qu'il faut renverser le gouvernement, qu'il est détestable, qu'il a été nommé d'une manière contestable ; qu'il préfère au gouvernement républicain un roi et même un empereur : le citoyen est libre de dire tout cela, et mille autres choses semblables ; n'est-il pas juge souverain de toutes ces choses ? Dans la république on ne suit pas les avis de la minorité, mais on ne saurait lui infliger aucune peine ; son opinion est aussi respectable que celle de la majorité.

D. Le citoyen a-t-il également le droit d'écrire tout ce qu'il pense de la république ?

R. Certainement. Aux actes seulement commence le droit qu'a la société d'empêcher ou de punir.

D. Le citoyen a donc le droit de dire et d'écrire tout ce qui lui plaît ?

R. Non certainement : la république punit très-sévèrement l'homme qui débite des discours que les femmes et les enfants des citoyens ne sauraient entendre, celui qui vend des livres qu'ils ne sauraient lire ou qui expose des images qu'ils ne sauraient voir. Ceci n'est plus une opinion, une lutte politique, c'est la corruption qu'on répand dans les familles.

La république punit encore celui qui attaque l'honneur d'un citoyen ou qui jette le trouble dans sa maison. Elle protége le fonctionnaire public contre les imputations dont il est l'objet : libre à tous d'accuser, mais libre à l'accusé de se défendre : la république punit le diffamateur.

D. En quoi consiste donc la liberté de parler et d'écrire?

R. Elle consiste à dire et à publier toutes ses opinions, pourvu qu'elles ne portent atteinte ni à la morale publique ni à l'honneur des citoyens.

---

8. — Les membres d'une association républicaine sont plus heureux que les sujets des rois et des empereurs.

D. Les membres d'une association républicaine sont-ils plus heureux que les sujets des rois et des empereurs?

R. Certainement et mille fois plus heureux.

D. En quoi le bonheur du républicain surpasse-t-il celui des autres?

R. D'abord, le citoyen d'une république paie moins d'impôts.

D. Pourquoi cela ?

R. Parce qu'il n'a pas de roi à solder, pas de princes ni de princesses à doter, pas de fonds secrets gaspillés par des ministres, pas de pairs, pas de députés comblés de places lucratives. Dans une république, tous les magistrats reçoivent des traitements honorables, mais modestes : dans une république, un seul homme ne peut toucher les traitements de deux places et n'en remplir qu'une.

D. Mais est-il certain qu'une grande république comme la république française puisse se gouverner à bon marché ? La grandeur du territoire n'exigera-t-elle pas toujours de forts impôts ?

R. Non, assurément. Quelque grande que soit une république, elle se gouverne à beaucoup moins de frais qu'un royaume de même grandeur. La vaste république des États-Unis d'Amérique en est la preuve : son territoire est double de celui de la France, et cependant ses citoyens paient moins d'impôts que tous les peuples d'Europe. D'ailleurs, ce n'est pas là le seul avantage du républicain.

D. Quels sont donc les autres ?

R. C'est en première ligne l'éducation que donne la république à ses enfants ; non-seulement elle leur dispense gratuitement l'instruction élémentaire que les rois et les empereurs vendent à leurs sujets, mais elle y joint l'éducation du citoyen, qui permet à tous de prendre part au gouvernement de l'association et qui donne à l'homme le sentiment de sa valeur et de sa dignité. Hors d'une république, le travailleur et le cultivateur ne sont plus dans la société que des machines ; toute leur vie ils travaillent pour manger, élèvent des soldats pour leur prince, et dans leur vieillesse ils sont souvent réduits à mendier leur pain ou à aller chercher leur lit de mort dans un hôpital.

D. Le citoyen d'une république a donc un avenir assuré ?

R. Le républicain n'a pas d'inquiétude pour l'avenir ; il sait que s'il tombe malade, la république nourrit sa famille ; que si la mort l'enlève à ses enfants, la république les élèvera, et si, après avoir travaillé toute sa vie, après avoir élevé une grande famille, il se trouve chargé d'années, sans forces et sans pain, il sait que la république prendra soin de ses vieux jours. La république est la mère de tous les citoyens.

D. Cette pensée que la république est une mère et que tous les citoyens sont frères, doit être bien salutaire à l'homme ?

R. Cette pensée fait son bonheur : cette pensée le rend meilleur et l'élève à ses propres yeux. Libre, il ne doit compte de ses pensées qu'à Dieu : dans tous les hommes, il voit des égaux, des frères ; dans tous ceux qui commandent, des hommes nommés par lui ; dans leurs commandements, sa propre volonté : alors plus d'esclavage, plus de servilité, plus de contrainte ; la parole du républicain est aussi libre que sa pensée : il dit au grand jour ce qu'il dit dans l'obscurité, car le républicain n'a que Dieu pour maître. Mais Dieu est son père comme celui de tous les hommes : aussi le républicain traite-t il les hommes, ses frères, comme il voudrait qu'ils le traitassent lui-même. Le républicain travaille, car celui qui ne veut pas travailler ne doit pas manger : il travaille pour venir au secours de ses frères qui sont dans le besoin.

La république, c'est-à-dire l'association fondée sur le travail, l'égalité et la fraternité, est véritablement le royaume de Dieu sur la terre, car l'homme vertueux y rencontre le bonheur que Dieu lui continuera dans l'autre vie.

Disons donc avec sincérité : Vive la France républicaine! Liberté, égalité, fraternité! Vive la république!

Melun. — Imprimerie de DESRUES.

199

www.ingramcontent.com/pod-product-compliance
Lightning Source LLC
Chambersburg PA
CBHW062318070726
47596CB00009B/2281